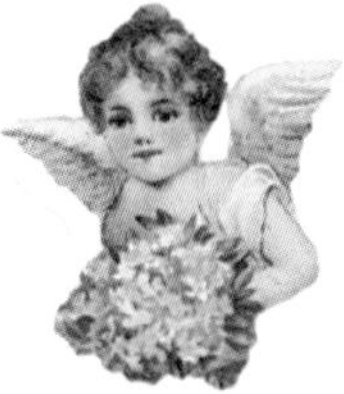

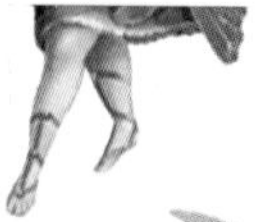

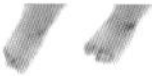

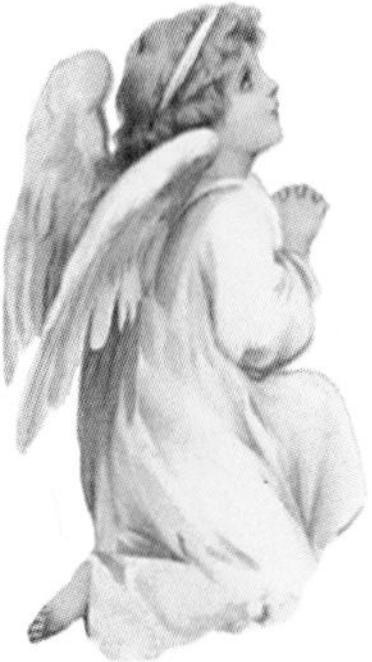

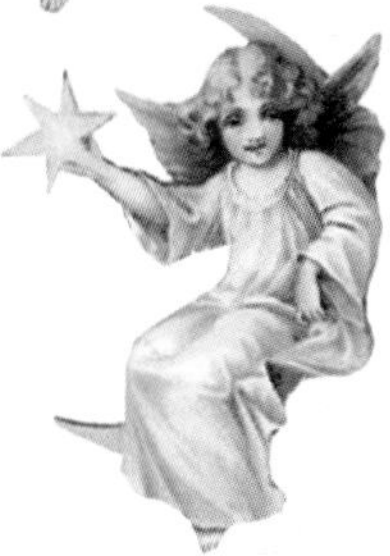

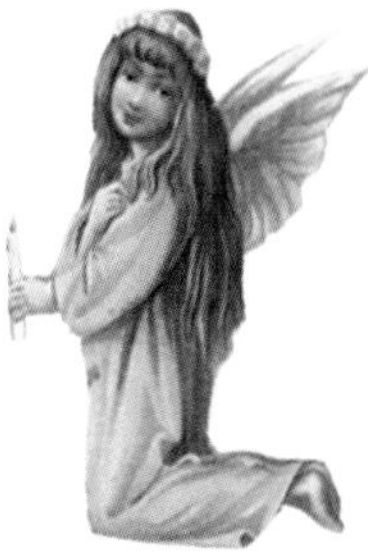

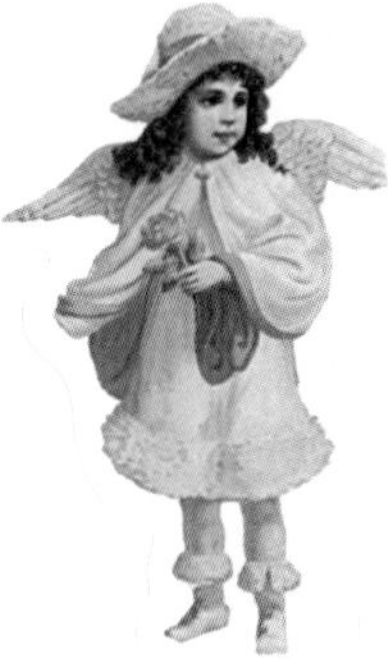

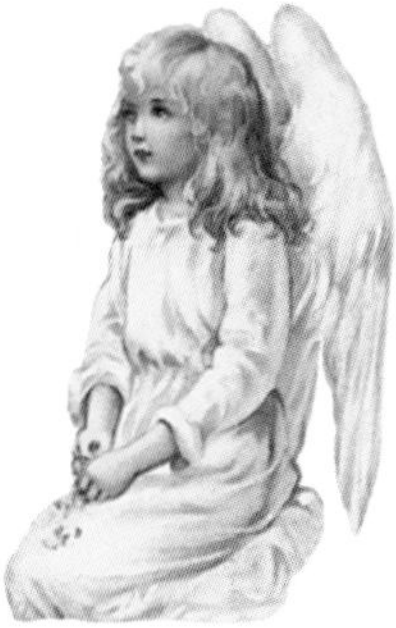

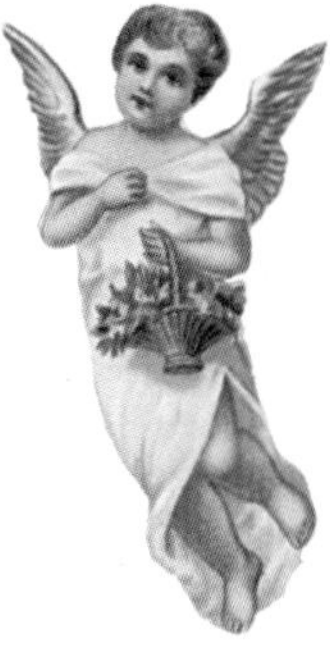

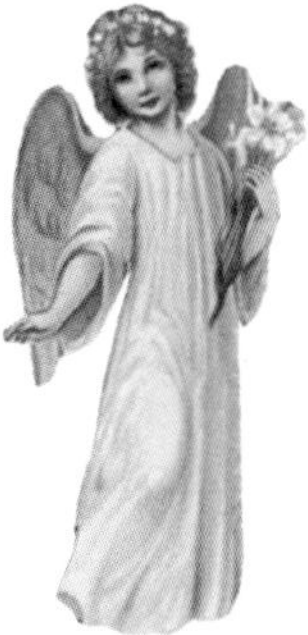
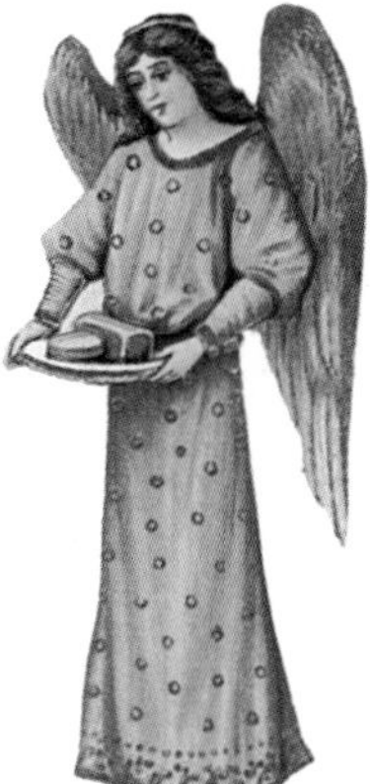
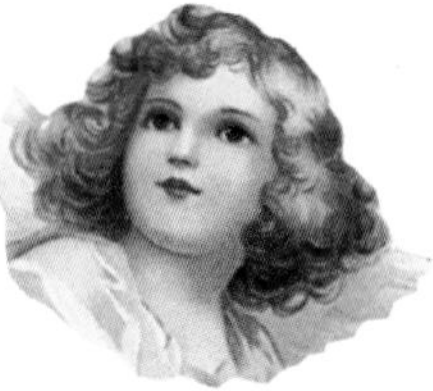
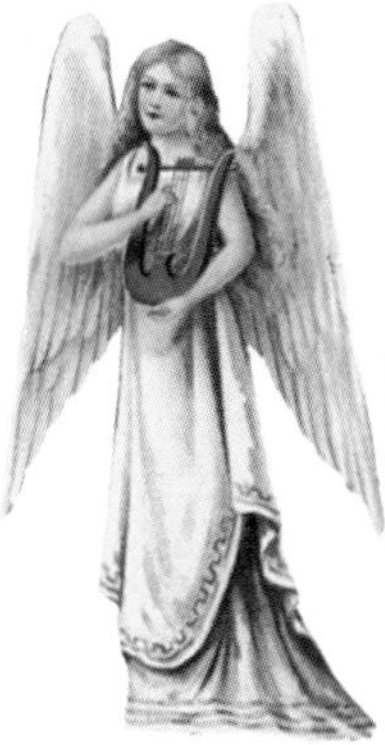
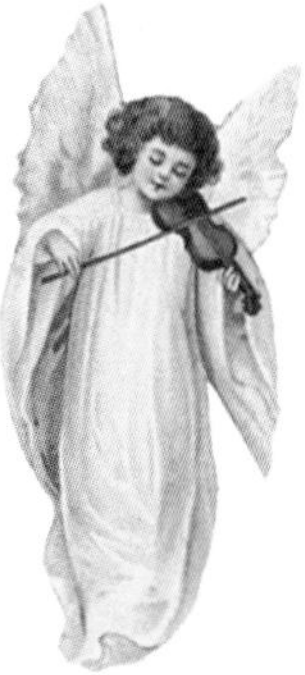
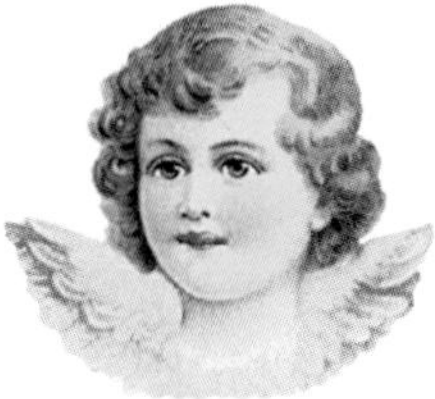
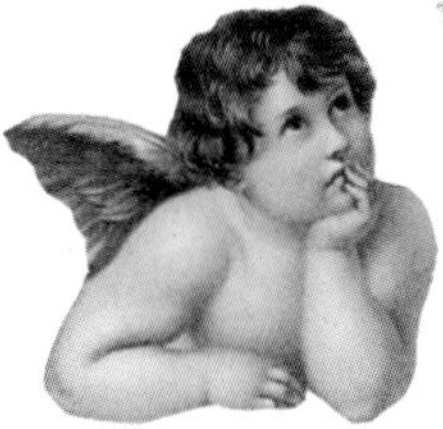
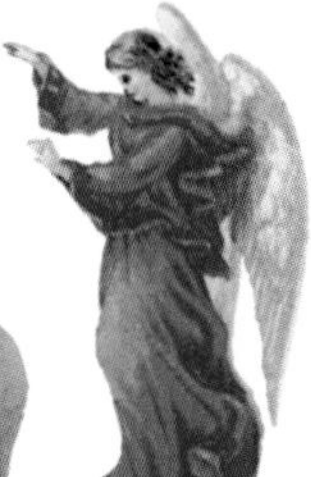
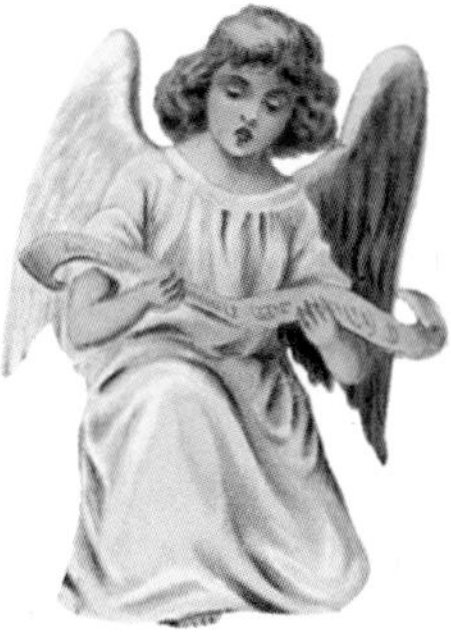

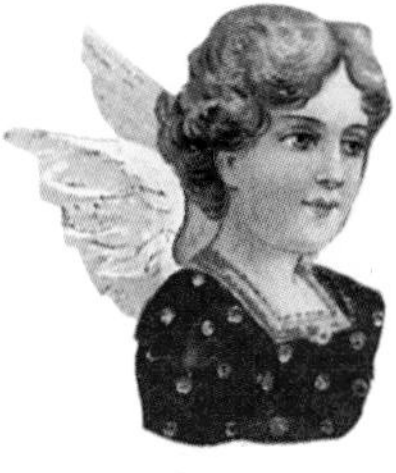
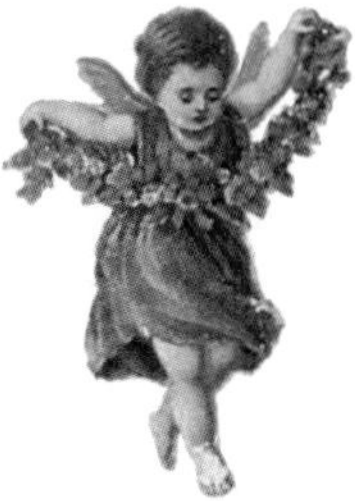
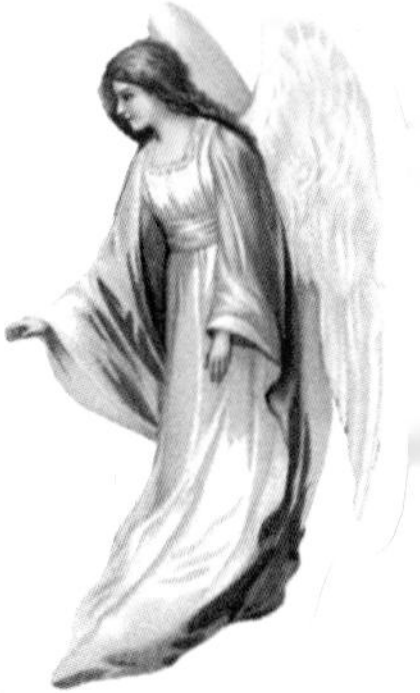
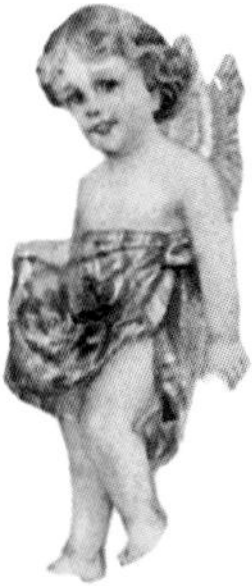
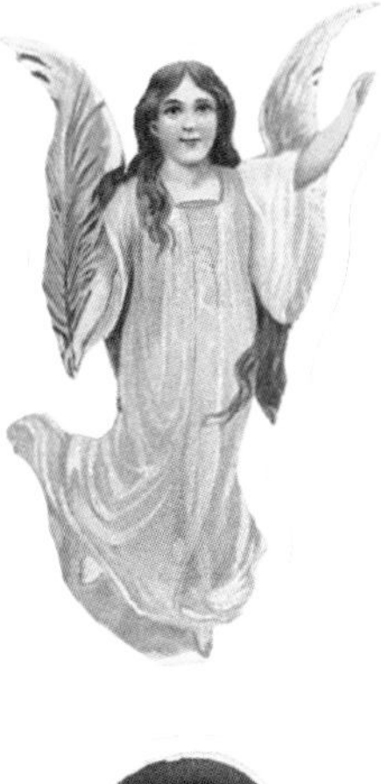
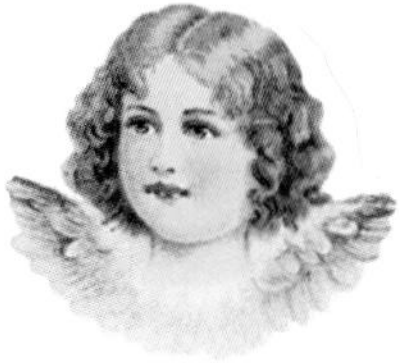
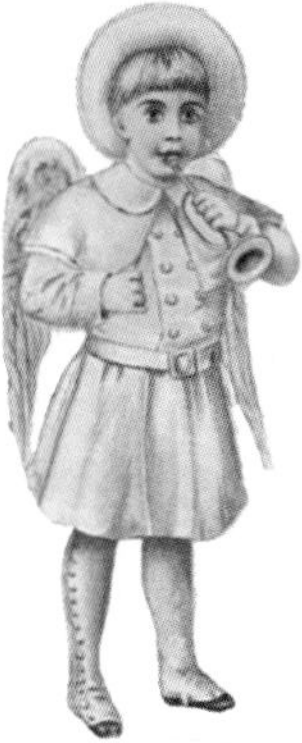
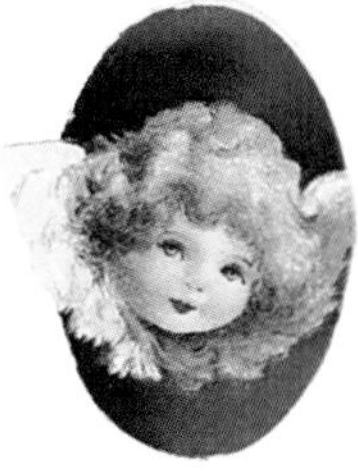
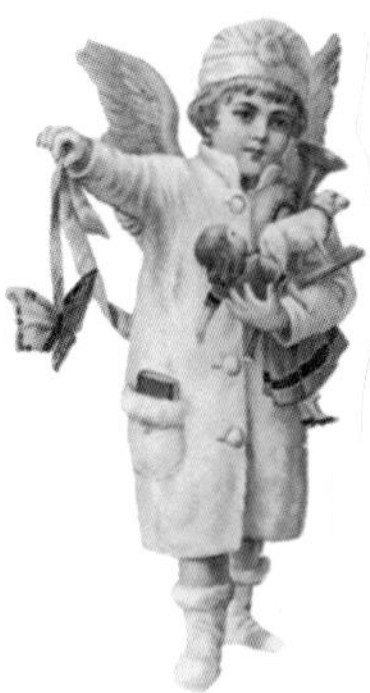

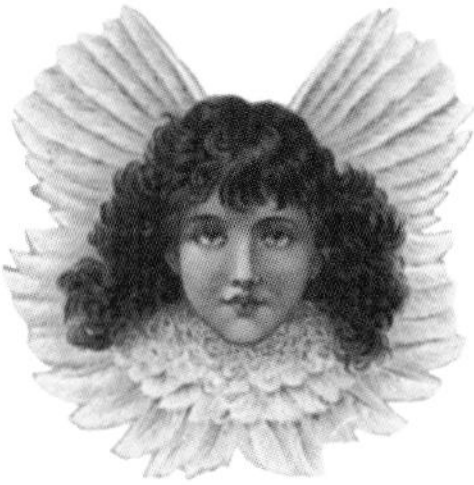
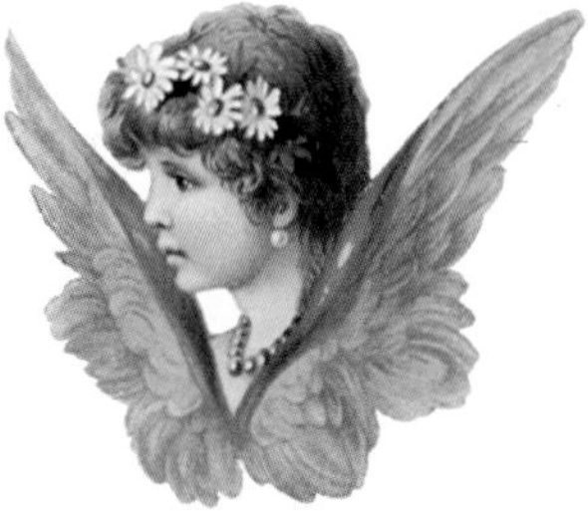
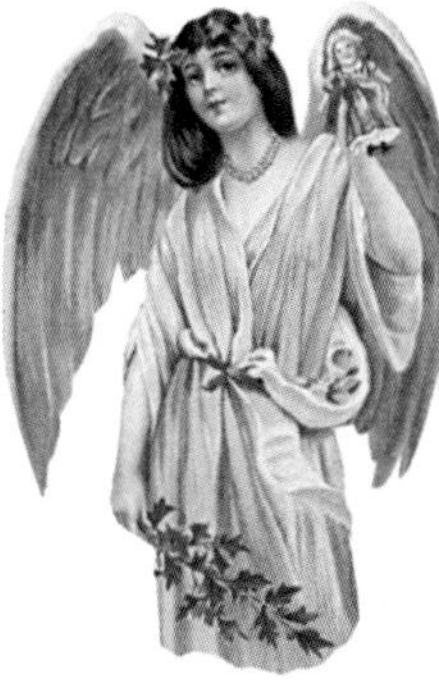
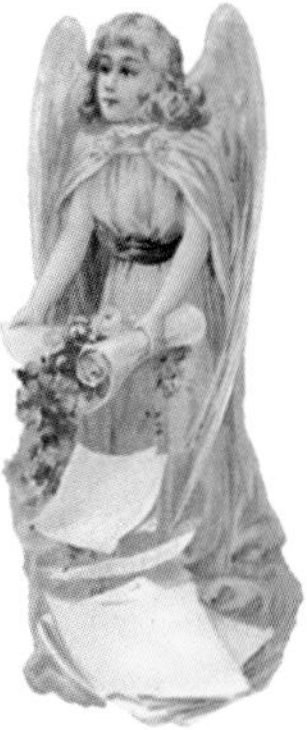
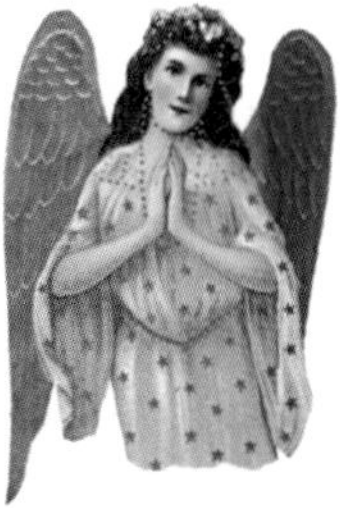
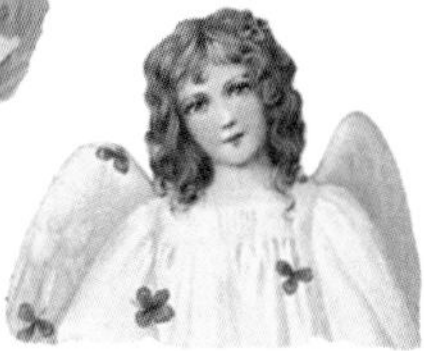
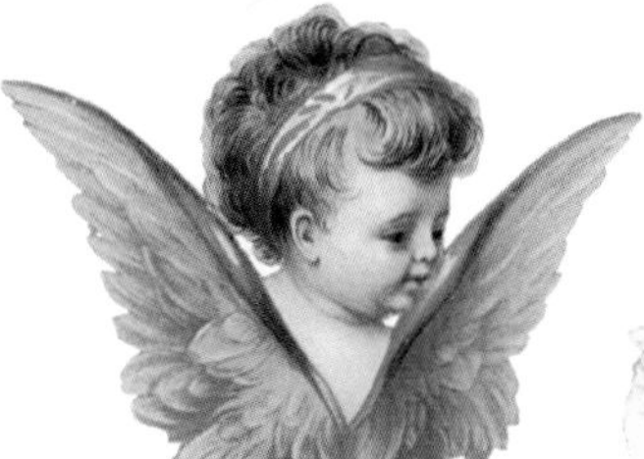
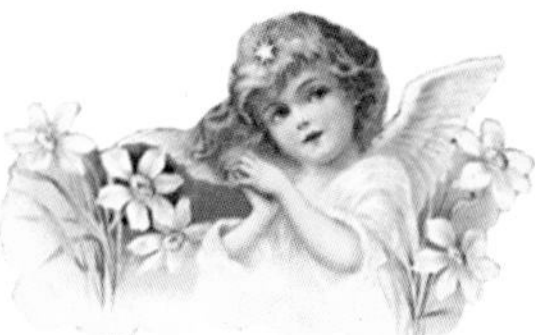